## ZOOM 동물백과

# 공룡

에릭 마티베 글 ★ 올리비에-마르크 나델 그림 ★ 이충호 옮김

바다이

# 차례

생명의 진화 과정에서 나타난 공룡 ········· 4
스피노사우루스 ········································ 6
디플로도쿠스 ············································ 8
스티라코사우루스 ···································· 10
브라키오사우루스 ···································· 12
티라노사우루스 ········································ 14
에드몬토사우루스 ···································· 16

| | |
|---|---|
| **벨로키랍토르** ……………………… 18 | **스트루티오미무스** ……………………… 32 |
| **스테고사우루스** ……………………… 20 | **아르겐티노사우루스** ……………………… 34 |
| **파라사우롤로푸스** ……………………… 22 | **프시타코사우루스** ……………………… 36 |
| **시조새** ……………………… 24 | **프테로닥틸루스** ……………………… 38 |
| **트로오돈** ……………………… 26 | **카르노타우루스** ……………………… 40 |
| **안킬로사우루스** ……………………… 28 | **알로사우루스** ……………………… 42 |
| **파키케팔로사우루스** ……………………… 30 | **모사사우루스** ……………………… 44 |

# 생명의 진화 과정에서 나타난 공룡

공룡이 살던 세상은 오늘날 우리가 알고 있는 세상과 아주 달랐어요. 기후는 지금보다 훨씬 더웠고, 대륙들은 오늘날처럼 바다로 분리되어 있지 않았지요. 공룡은 전 세계를 1억 7500만 년 동안이나 지배하며 살았어요. 이에 비해 인류가 세상을 지배한 시간은 채 10만 년도 되지 않아요!

|  | |  |  |
|---|---|---|---|
| 46억 년 전 | | 선캄브리아대 | 생명의 출현. 아주 작은 조류(藻類), 최초의 수생 동물. |
| 5억 4000만 년 전 | | 고생대 | 어류와 그 밖의 해양 동물. 최초의 곤충, 최초의 육상 식물, 양서류가 나타났고, 그 뒤를 이어 파충류도 나타남. |
| 2억 4800만 년 전 | 중생대 | 트라이아스기 | 최초의 공룡 : 플라테오사우루스, 코엘로피시스, 에오랍토르, 헤라사우루스……. |
| 2억 600만 년 전 | | 쥐라기 | 스테고사우루스, 브라키오사우루스, 디플로도쿠스, 시조새, 알로사우루스, 프테로닥틸루스…… 최초의 포유류. |
| 1억 4400만 년 전 | | 백악기 | 파키케팔로사우루스, 스트루티오미무스, 에드몬토사우루스, 파라사우롤로푸스, 벨로키랍토르, 트로오돈, 티라노사우루스, 스티라코사우루스, 프시타코사우루스, 스피노사우루스, 안킬로사우루스…… 최초의 조류. |
| 6500만 년 전 | | 신생대 | 공룡 멸종. 포유류의 황금시대, 유인원과 최초의 인류가 나타남. |
| 현재 | | | |

# 공룡 시대의 종말

모든 공룡은 아주 특이해요. 괴물처럼 무시무시한 공룡이 있었는가 하면, 아주 섬세한 공룡도 있었어요. 크기와 형태도 아주 다양했고, 이빨과 뿔과 발톱의 길이도 제각각 달랐지요. 심지어 나타난 시기와 사라진 시기도 제각각 달랐어요!

백악기가 끝날 무렵인 6500만 년 전에 지구에는 공룡이 아주 많았어요. 그런데 불가사의하게도 그로부터 100만 년이 지나기 전에 지구에서 모든 공룡이 완전히 사라졌어요! 오직 전 지구 규모의 큰 재앙만이 이 수수께끼를 설명할 수 있어요. 유력한 용의자는 소행성이에요. 그때 우주에서 날아온 이 거대한 암석 덩어리가 지구와 충돌했지요.

지름이 약 10킬로미터인 소행성이 지구에 충돌하면서 원자폭탄 수십억 개가 폭발하는 것과 같은 충격을 주었어요. 사방 1000킬로미터 안에 있는 것들은 모두 가루가 되었지요. 그 충격으로 전 세계의 땅이 심하게 흔들렸어요. 거대한 규모의 지진 해일이 온 세계의 해안을 덮쳤고, 곳곳에서 거대한 화산들이 불을 뿜었지요. 그리고 엄청난 양의 재와 먼지가 하늘 높이 올라가 지구를 뒤덮으며 햇빛을 가렸어요.

그러자 따뜻하고 화창하던 기후가 갑자기 변하며 추위와 어둠이 온 세상을 뒤덮었지요. 햇빛을 받지 못해서 많은 식물이 죽어 갔어요. 그러자 식물을 먹고 살던 초식 공룡도 그 뒤를 이어 사라져 갔지요. 초식 공룡이 죽자, 이제 육식 공룡도 먹을 것이 없어 죽어 갔어요. 수천 년이 지나기 전에 공룡은 돌이킬 수 없는 운명을 맞이했어요. 공룡은 유례없이 긴 시간 동안 지구를 지배했지만, 이제 그 시대는 끝나고 말았어요. 공룡의 멸종과 함께 그 당시 지구에 살던 동식물 종 중 약 절반도 사라졌어요.

그래도 공룡이 지구를 지배한 시기는 1억 7000만 년 이상이나 되었어요! 공룡이 사라지자, 그 빈자리를 작은 포유류가 채워 가기 시작했어요. 기후 위기를 잘 견뎌 낸 종들은 점점 몸집이 커졌고 수가 크게 불어났지요. 설치류, 식충 동물, 초식 동물, 육식 동물, 영장류 등이 크게 번성했고, 결국 포유류가 지구의 새 지배자가 되었어요.

이렇게 공룡은 완전히 사라졌어요. 하지만 아직도 공룡의 후손이 우리와 함께 살아가고 있지요. 이전의 조상과 마찬가지로 지금도 이들은 몸이 깃털로 덮여 있어요. 하지만 대다수는 조상들보다 하늘을 훨씬 잘 날아요. 오늘날 살아 있는 동물 중에서 멸종한 티라노사우루스와 벨로키랍토르와 가장 가까운 친척은 닭과 비둘기, 참새를 비롯해 그 밖의 새들이에요!

 크기를 나타낸 공룡의 그림 옆에 실루엣으로 표시한 사람의 키는 180센티미터예요.

가장 무서운 괴물 공룡을 뽑는 선발 대회가 있다면, 티라노사우루스를 위협할 강력한 경쟁자 중 하나는 바로 스피노사우루스일 거예요.

스피노사우루스는 티라노사우루스보다 클 뿐만 아니라, **악어와 비슷한 주둥이**를 갖고 있고, **등에는 기다란 가시 모양의 돌기**가 죽 뻗어 있었어요. 사실, 스피노사우루스란 이름은 '가시도마뱀'이라는 뜻이에요.

스피노사우루스는 머리와 가시, 그리고 몸통의 몇몇 뼈 외에는 **전체 골격이 화석으로 발견된 적이 없어요**. 그래서 발과 다리가 어떻게 생겼는지는 정확하게 알 수는 없지만, 사촌에 해당하는 바리오닉스라는 공룡은 잘 알려져 있어요. 바리오닉스는 머리뼈가 스피노사우루스와 비슷하며, 강한 다리를 가졌고, 발에는 발톱이 달려 있었어요. 바리오닉스는 스피노사우루스를 묘사하는 모형으로 쓰여요.

티라노사우루스는 앞다리가 우스꽝스러울 정도로 작지만, 과학자들은 스피노사우루스는 티라노사우루스보다 앞다리가 훨씬 컸을 것이라고 생각해요. 그래서 스피노사우루스는 **두 발뿐만 아니라 네 발로도 걸을 수 있어** 무거운 몸을 지탱하는 뒷다리의 부담을 덜 수 있었을 거예요. 스피노사우루스는 몸길이가 17미터나 되고 몸무게는 티라노사우루스의 2배인 10톤이나 되었거든요!

악어와 비슷하게 생긴 턱 때문에 과학자들은 스피노사우루스가 **물고기를 잡아먹었을 것이라고 추측해요**. 아마도 연못이나 호수에 잠수하여 아가리나 발톱으로 물고기를 잡았을 거예요.

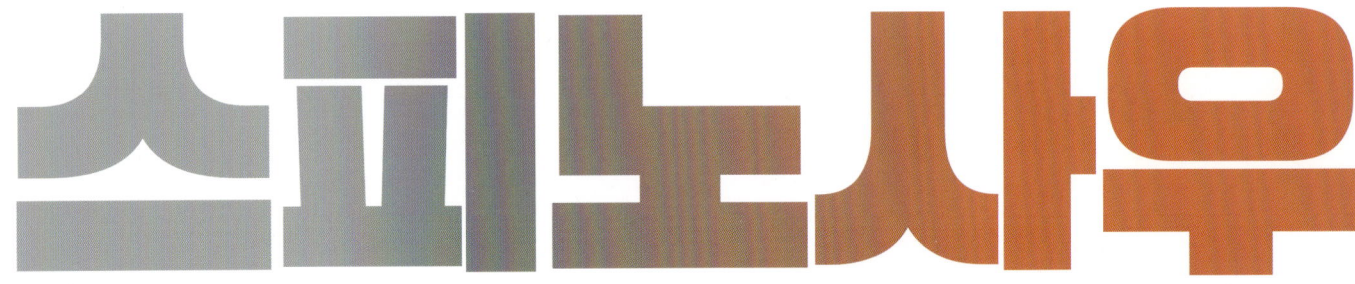

# 스피노사우

길이가 **2미터**나 되는 **가시**들은 등에 베일처럼 불룩 솟은 피부를 지탱했는데, 이 피부는 이성을 유혹하기 위해 화려한 색을 띠었을 거예요.

# 루스

**크기** : 몸길이 17미터, 몸무게 10톤
**살았던 장소** : 북아프리카
**살았던 시기** : 백악기, 1억 1000만~1억 년 전

이 유명한 쥐라기 공룡은 온순한 괴물이었어요. 디플로도쿠스는 깨어 있는 시간 중 대부분을 잎과 양치류를 뜯어 먹으면서 보냈어요. 풀은 먹지 않았는데, 풀이 아직 지구에 나타나기 전이었기 때문이에요.

디플로도쿠스는 목이 엄청나게 긴데, 그보다 더 긴 꼬리가 균형을 잡아 주지 않았더라면, 그 무게를 이기지 못하고 앞으로 고꾸라졌을 거예요. 디플로도쿠스는 자신을 공격하려는 육식 공룡에게 꼬리를 거대한 채찍처럼 휘둘러 겁을 주거나 상처를 입혔어요. 그런 육식 공룡 중에는 티라노사우루스와 비슷하게 생긴 알로사우루스가 있었어요. 티라노사우루스는 **수백만 년 뒤에야 나타났기 때문에** 디플로도쿠스가 살던 시절에는 만날 일이 없었어요. 다른 대형 공룡과 오늘날의 악어처럼 디플로도쿠스는 **평생 동안 몸이 계속 자랐어요.** 일부 전문가들은 나이가 아주 많은 디플로도쿠스는 몸길이가 30미터를 넘었을 것이라고 생각해요! 엄청난 몸길이에도 불구하고, 어른 디플로도쿠스의 몸무게는 15톤을 넘지 않았는데, 뼈가 튼튼하지만 속이 비어 있었기 때문이에요. 그래서 디플로도쿠스는 브라키오사우루스 같은 일부 대형 공룡에 비하면 **아주 가벼운 편**이었어요. 브라키오사우루스의 **몸무게가** 2~3배나 더 무거웠지요.

디플로도쿠스는 **타조 알보다 조금 더 큰 알을 낳았어요.** 알에서 새끼가 나오면, 어른들이 곁에서 보호해 주었지요. 새끼는 아주 빨리 자랐는데, 하루에 몸무게가 **20~50킬로그램씩 불어났어요!**

두 살이 되면 디플로도쿠스는 **커다란 코끼리보다 몸무게가 더 많이 나갔어요.** 열 살 무렵에는 몸이 엄청나게 커져서 감히 디플로도쿠스를 공격하려는 포식 동물은 거의 없었지요.

**크기** : 몸길이 최대 30미터, 몸무게 15톤
**살았던 장소** : 미국 서부와 캐나다
**살았던 시기** : 쥐라기, 1억 4500만~1억 3500만 년 전

만약 디플로도쿠스가 **수영장에 가서** 한쪽 가장자리에 머리를 올려놓으면, 꼬리는 25미터 떨어진 반대쪽 끝에 닿을 거예요. 수영장 물이 흘러넘치는 것은 말할 것도 없겠지요?

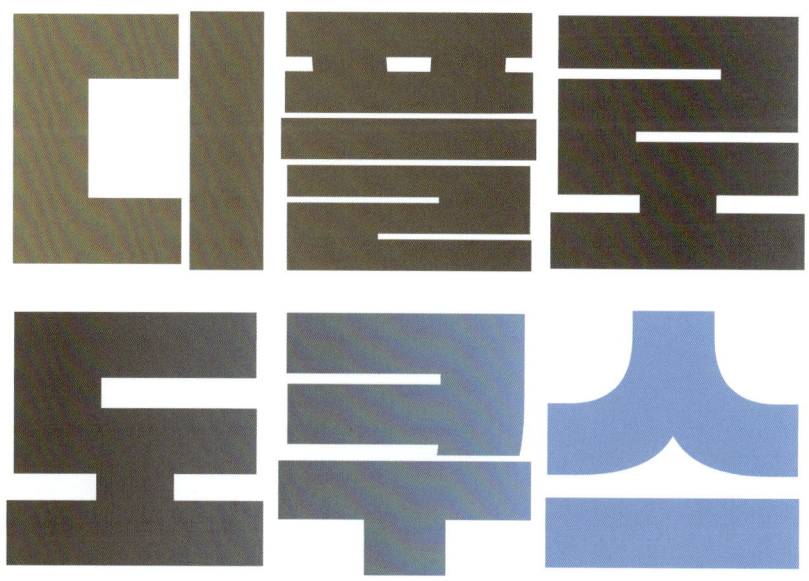

# 디플로도쿠스

# 스티라코사

스티라코사우루스의 **목 주위를 빙 둘러싼** 프릴은 적의 공격을 막는 방패였어요. 하지만 화려한 색의 프릴은 이성을 유혹하는 용도로도 쓰였어요.

자, 스티라코사우루스와 함께
갑옷 공룡의 세계를 살펴보기로 해요!

갑옷 공룡은 몸 일부가 단단한 골판으로 뒤덮여 있는 공룡을 말해요. 스티라코사우루스는 **머리 뒤쪽에 목도리 모양**으로 생긴 프릴이 있었는데, 특히 양 옆쪽으로 넓게 뻗어 있었어요. 튼튼한 방패 역할을 하는 프릴은 몸 뒤쪽을 적에게 얻어맞거나 물리지 않도록 보호해 주었지요.
스티라코사우루스의 방어 무기는 이것뿐만이 아니었어요. 이마에는 코뿔소처럼 아주 큰 뿔이 돋아 있었어요. 그런데 코뿔소는 뿔이 1개 또는 2개뿐이지만, 스티라코사우루스는 앞쪽의 큰 뿔 외에도 **큰 뿔 12개와 작은 뿔 여러 개**가 머리와 프릴 주위에 돋아 있었어요.

이렇게 몸 앞쪽은 방패로 잘 보호된 반면, 뒤쪽은 코끼리처럼 무방비 상태였어요. 그래서 포식 동물의 공격을 받으면, 스티라코사우루스는 정면으로 맞서야 했어요. 만약 등을 돌리고 달아나면, 취약한 엉덩이가 노출되어 적에게 **물어뜯길 위험이 있었거든요!** 스티라코사우루스는 티라노사우루스를 비롯해 자기만큼 큰 육식 공룡들이 사냥하는 장소에서 살았어요. 그런 환경에서 살아남기 위한 최선의 방법은 멀리서 육식 공룡을 재빨리 알아보고 그곳을 떠나는 것이었지요.

캐나다에서 같은 장소에 많이 모여 있는 스티라코사우루스 화석이 발견되었어요. 따라서 스티라코사우루스는 서로를 보호하기 위해 **무리를 지어 살았던 것 같아요.** 게다가 스티라코사우루스는 프릴과 뿔을 제외하고도 몸무게가 3톤이나 나갈 정도로 덩치가 컸어요. 주요 먹이인 식물을 자르는 데에는 아주 날카로운 부리를 사용했어요. 사실, 스티라코사우루스는 **이빨이 전혀 없었어요.** 대신에 단단한 턱이 큰 앵무의 부리와 비슷한 모양으로 생겼어요.

# 우루스

**크기** : 몸길이 5미터, 몸무게 2.5톤
**살았던 장소** : 독일
**살았던 시기** : 백악기, 7500만 년 전

브라키오사우루스는 날카로운 이빨로 잎이나 가지를 자를 때, 가지에 콧구멍이 찔리지 않을까 염려할 필요가 없었어요. 콧구멍이 **머리 위쪽으로 나 있었거든요!**

머리끝부터 꼬리 끝까지의 길이는 디플로도쿠스보다 더 길진 않았고, 꼬리 길이는 디플로도쿠스보다 짧았어요. 반면에 **목은 훨씬 길었어요.** 몸길이가 25미터인 어른 브라키오사우루스는 **목 길이가 10미터나 되었어요!** 목을 똑바로 세울 수 있었더라면, 그 높이는 18~20미터에 이르러 7층 건물 높이와 비슷했을 거예요! 하지만 브라키오사우루스는 목을 똑바로 세울 수 없었을 거예요. **브라키오사우루스의 심장은 그렇게 높은 곳까지 혈액을 올려 보낼 수가 없었거든요.** 만약 목을 똑바로 세우려고 시도했다간 아마 그전에 기절하고 말았을 거예요.

**브라키오사우루스는 가장 큰 공룡은 아니었지만, 그래도 손꼽을 만큼 큰 공룡이었어요. 브라키오사우루스는 키가 4층 건물보다 컸고, 몸무게도 거의 그만큼 나갔어요!**

몸무게는 30~40톤으로, 코끼리 열 마리와 맞먹었어요. 다리는 큰 나무줄기만큼 두꺼웠지요. **브라키오사우루스가 걸어가면 땅이 쿵쿵 울렸어요!**

이 거대한 공룡은 같은 시대에 살던 육식 공룡에 비하면 '산'이나 다름없었어요. 거대한 덩치와 강한 다리 힘과 엄청난 몸무게 덕분에 가장 큰 육식 공룡도 쉽게 물리칠 수 있었지요. 오늘날의 기린처럼 **목을 좌우로 흔들면** 몸무게가 2톤인 알로사우루스 대여섯 마리를 쉽게 때려눕힐 수 있었어요. 하지만 어린 브라키오사우루스는 **육식 공룡을 만나면 속수무책으로 당할 수밖에 없었어요.** 그래서 항상 어른들은 새끼들을 곁에 두고(깔아뭉개지 않도록 조심하면서) 위험이 닥치면 새끼들을 빙 둘러싸서 보호했을 거예요.

# 브라키오사

크기 : 몸길이 최대 25미터, 몸무게 30~40톤
살았던 장소 : 북아메리카(미국)
살았던 시기 : 쥐라기, 1억 6000만~1억 4500만 년 전

# 우루스

# 티라노사우

시간이 지나면서 **티라노사우루스의 앞다리는** 먹이를 잡는 데 쓸 일이 없어 **점점 짧아졌어요.** 먹이를 잡는 데에는 거대한 입만으로도 충분했거든요.

줄여서 티렉스(T-Rex)라고도 부르는 티라노사우루스 렉스는 대형 육식 공룡 중에서도 손꼽는 스타 공룡이지요. 거대한 머리와 단도처럼 날카로운 이빨을 가진 티라노사우루스는 백악기 초식 공룡들에게는 악몽 같은 존재였어요.

티라노사우루스는 **버스만큼 긴 몸을** 튼튼한 뒷다리로 지탱하면서 돌아다녔어요. 그러다가 그 끔찍한 냄새를 미처 맡지 못해 방심하고 있던 동물 앞에 갑자기 나타나 공격했지요. 사실, 큰 육식 공룡들은 입 냄새가 아주 고약했어요. 게다가 티라노사우루스는 **썩은 고기도 즐겨 먹었어요!** 티라노사우루스는 몸이 너무 무거워 좋아하는 먹이인 오리주둥이공룡이나 트리케라톱스만큼 빨리 그리고 오래 달릴 수 없었어요. 그래서 **먹이에게 살금살금 다가가 기습을 하거나** 병들거나 다친 동물을 공격했어요. 또, 자신보다 작은 육식 공룡이 **사냥한 먹이를 빼앗거나** 썩은 고기에 만족하기도 했어요.

작은 육식 공룡 중에는 몸이 깃털로 덮인 공룡이 많았어요. 그리고 지금은 **티라노사우루스도 깃털로 덮여 있었을 것**이라고 생각하는 전문가들이 많아요! 새끼들은 틀림없이 **몸에 솜털이 나 있었을 거예요.** 어른도 머리 위에 깃털이 일부 남아 있었을 텐데, 그다지 우스꽝스러운 모습은 아니었을 거예요. 하기야 누가 감히 티라노사우루스를 우스꽝스럽다고 여겼겠어요!

# 루스

**크기** : 몸길이 13미터, 몸무게 7톤
**살았던 장소** : 북아메리카
**살았던 시기** : 백악기, 8000만~6600만 년 전

# 에드몬토사

오늘날 소가 뜯어 먹는 것과 같은 풀은 8000만 년 전에야 나타났어요. 그래서 이 거대한 공룡은 풀을 먹고 살았지요.

# 우루스

에드몬토사우루스는 오리주둥이공룡 중 하나예요. 오리주둥이공룡은 주둥이가 오리 부리처럼 납작하게 생겨서 붙여진 이름이에요.

하지만 오리와 비슷한 점은 그것뿐이에요. 이 공룡들은 오리와 달리 **이빨이 많았고** 네 발로 걸어 다닌 거대한 동물이었으니까요!

**에드몬토사우루스라는 이름은 이 공룡 화석이 처음 발견된 장소**인 캐나다 에드먼턴에서 땄어요. 7000만 년 전에 이 지역에는 많은 공룡이 살았어요. 그중에 에드몬토사우루스도 많이 있었지요. 에드몬토사우루스는 다른 오리주둥이공룡들, 그리고 그 밖의 크고 작은 초식 공룡들과 함께 이곳에서 **식물을 먹고 살았어요.** 물론 이 초식 공룡들을 잡아먹고 살아가던 다양한 크기의 육식 공룡들도 있었지요. 작은 육식 공룡인 트로오돈과 벨로키랍토르부터 거대한 육식 공룡인 티라노사우루스, 그리고 티라노사우루스보다 좀 작지만 그에 못지않게 사나웠던 그 사촌 공룡들에 이르기까지 많은 육식 공룡이 이곳에서 살아갔어요.

에드몬토사우루스는 동족의 도움에 의지해 육식 공룡의 이빨과 발톱에 맞섰을 거예요. 그래서 오늘날의 **코끼리처럼 무리를 지어 살았던 것으로 보여요.** 또, 네 발로 비교적 빨리 달릴 수 있었기 때문에, **최선의 방어 무기는 달아나는 것이었어요.** 에드몬토사우루스는 키가 4미터나 되고 몸길이는 티라노사우루스와 비슷했으며, 몸무게는 3톤 이상이나 나갔어요. 그래서 작은 육식 공룡은 손쉽게 물리칠 수 있었고, 큰 육식 공룡에게도 **발길질과 꼬리를 휘두르며** 용감하게 저항할 수 있었어요.

**크기** : 몸길이 12미터, 몸무게 3.5톤
**살았던 장소** : 북아메리카
**살았던 시기** : 백악기, 1억~6600만 년 전

크기 : 몸길이 2미터, 몸무게 20킬로그램
살았던 장소 : 몽골, 중국
살았던 시기 : 백악기, 8000만~6600만 년 전

벨로키랍토르는 날 수가 없었어요. **몸이 너무 무거웠기 때문이지요!** 몸무게가 20킬로그램이나 나갔거든요. 이런 무게의 벨로키랍토르가 날려면 아주 큰 날개가 있어야 했어요.

만약 벨로키랍토르가 공룡 영화를 본다면, 영화에 나오는 자신을 알아보지 못할 거예요. 흔히 영화에서 '랩터(raptor, 벨로키랍토르를 줄여서 부르는 영어 단어)'는 진짜 벨로키랍토르보다 훨씬 크고, 피부가 비늘로 덮여 있으며, 깃털은 전혀 없는 모습으로 나오거든요.

다 자란 벨로키랍토르는 키가 개(예를 들면 저먼 셰퍼드 같은 개)보다 크지 않았고, 온몸이 깃털로 뒤덮여 있었어요! 작은 몸집과 깃털로 뒤덮인 몸에도 불구하고 벨로키랍토르는 무서운 육식 공룡이었어요. 공격성이 강할 뿐만 아니라 떼를 지어 공격했거든요.

벨로키랍토르의 첫 번째 무기는 길쭉한 주둥이였는데, 아주 단단하고 뾰족한 이빨이 80개나 늘어서 있었어요. 거기에 한번 물리면 치명상을 입을 수밖에 없었지요! 두 번째 무기는 뒷발의 세 발가락 중 하나에 달린 기다란 발톱이었어요. 벨로키랍토르는 먹이를 향해 달려들면서 이 한 쌍의 발톱을 앞으로 내질러 먹이를 푹 찔렀지요. 나머지 발톱들은 이보다 짧지만 그래도 아주 날카로웠어요.

벨로키랍토르의 다리와 꼬리는 새처럼 아름다운 깃털로 덮여 있었고, 나머지 몸은 그보다 짧은 깃털로 덮여 있었어요. 앞다리는 날개와 비슷하게 생겼던 것으로 보여요. 하지만 벨로키랍토르는 날지는 못했어요. 그렇다면 깃털이 어떤 쓸모가 있었을까요? 새의 깃털과 마찬가지로 추운 밤에 몸을 따뜻하게 해 주었지요!

몸이 깃털로 뒤덮인 이 육식 공룡은 사냥할 때 아주 빨리 달렸지만, 사냥당하는 동물들 역시 그에 못지않게 빨랐지요. 그래서 벨로키랍토르는 오늘날의 암사자들처럼 머리를 써서 기습 공격하는 방법을 사용했어요.

# 로키랍토르

# 스테고사우루스

스테고사우루스는 등에 길쭉하게 늘어선 골판이 유명해요. 이 초식 공룡은 두 줄로 늘어선 골판을 부딪쳐 소리를 냄으로써 주의를 끄는 방법을 알고 있었어요. 골판에 재빨리 혈액을 보내 골판의 색을 새빨갛게 변하게 할 수도 있었어요!

스테고사우루스의 강한 꼬리에는 커다란 골침이 4개 돋아 있었어요. 꼬리를 곤봉처럼 휘둘러 큰 육식 공룡도 부상을 입히거나 죽일 수 있었어요.

스테고사우루스는 커다란 골판과 굵은 근육질 다리와 거대한 엉덩이에 비해 **머리는 아주 작았어요!** 그 속에는 새의 뇌와 비슷한 크기의 뇌만 들어갈 수 있었어요! 하지만 살아남는 데에는 아무 문제가 없었던 것 같아요! 앞다리는 뒷다리에 비해 훨씬 작았어요. 이것은 **두 발 보행을 했던 조상으로부터 진화해서 그런 것으로 보여요.**

진화를 하면서 스테고사우루스는 몸이 너무 무거워져 조상처럼 두 발로 서서 이동할 수 없게 되었어요. 그래서 가늘고 작았던 **앞다리가 짧고 굵은 다리로 변했어요.** 어깨가 엉덩이보다 낮아 스테고사우루스는 머리를 땅에 가까이 갖다 댄 채 걸어 다녀야 했어요. 이것은 양치류를 뜯어 먹는 데에는 편리했지만, 육식 공룡이 다가오는 것을 알아채는 데에는 불리했어요.

스테고사우루스는 북아메리카에 살았지만, 그 **사촌 공룡들은 다른 대륙에도 살았어요.** 예를 들면, 중국에는 지앙주노사우루스가, 아프리카에는 켄트로사우루스가 살았지요. 켄트로사우루스는 꼬리에 돋아난 골침 외에 **양쪽 어깨에 기다란 골침이 하나씩 있었고, 등 아래쪽에도 골침이 여러 개 있었어요.** 세 공룡 중에서 스테고사우루스가 몸집이 가장 컸는데, 몸길이가 9미터에 몸무게는 3톤이나 나갔지요.

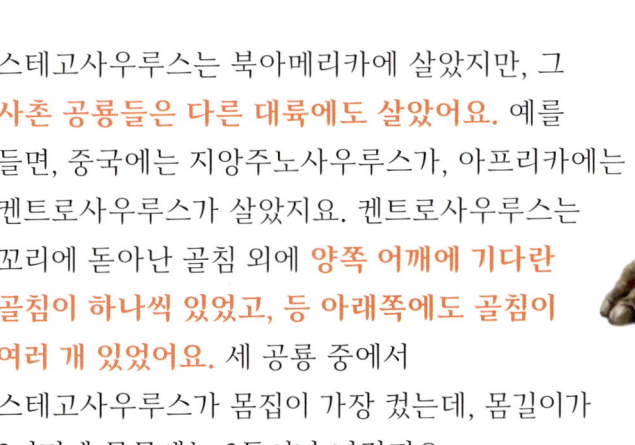

# 투스

**크기** : 몸길이 9미터, 몸무게 3톤
**살았던 장소** : 북아메리카(미국)
**살았던 시기** : 쥐라기, 1억 6000만~1억 4500만 년 전

파라사우롤로푸스는 '볏이 달린 도마뱀'
이란 뜻이에요. 머리에 기묘한 모양의
볏이 달려 있어서 붙여진 이름이지요.
하지만 이것은 닭의 볏처럼 살이
아니라, 단단한 머리뼈가 뒤쪽으로 자란
것이에요. 보기에도 아주 아름다워요!

크기 : 몸길이 10미터, 몸무게 3톤
살았던 장소 : 북아메리카(멕시코에서 캐나다까지)
살았던 시기 : 백악기, 1억~6600만 년 전

길고 단단한 모자처럼 보이는 이 볏은
속이 텅 빈 뼈로 만들어졌어요. 놀라운 것은
파라사우롤로푸스의 볏이 코끼리의 기다란 코처럼
콧속과 연결되어 있다는 사실이에요. 재채기할 때
그 숨이 속이 빈 이 관 속을 지나가며 경적과
비슷한 소리를 냈을 거예요. 그래서 과학자들은
파라사우롤로푸스의 볏이 나팔 소리 비슷한 소리를
내는 용도로 쓰였을 것이라고 생각해요. 그렇기는
하지만, 많은 공룡 전문가는 이 기묘한 구조가
정말로 소리를 증폭시켰는지 의심해요. 볏은 단순히
장식용에 불과했을 가능성도 있어요.

납작한 주둥이를 가진 파라사우롤로푸스는
오리주둥이공룡 집단에 속해요. 오리주둥이공룡은
두 발로 설 수 있지만, 대개는 네 발로 기어
다녔어요. 네 발로 기어 다니면 무거운 몸을
지탱하는 데 도움이 될 뿐만 아니라, 두 발로 선 채
양치류 잎을 뜯어 먹으려고 몸을 위험하게 구부릴
필요가 없었어요. 그러나 오리주둥이공룡의
앞다리는 뒷다리보다 작아서 네 발로 빨리
뛰기에는 불편했어요. 그래서 오리주둥이공룡은
우리와 마찬가지로 두 발로 뛸 때 더 빨리 달렸을
거예요.

# 파라사우롤

볏은 그 **형태와 색깔**로 **서로를 구별**하는 데에도 도움이 되었을 거예요. 파라사우롤로푸스는 제각각 고유한 볏을 갖고 있었거든요!

# 로푸스

# 시조새

시조새는 보통 새와 달리 **날개에 발가락이 붙어 있었어요.** 이 발가락은 시조새가 살아간 덥고 습기 찬 숲에서 나뭇가지나 나무줄기를 붙잡는 데 도움이 되었지요.

**닭만 한 크기의 이 동물은 발견되자마자 큰 화제가 되었어요. 시조새 화석은 1860년에 독일에서 발견되었어요. 그 화석에는 이 작은 공룡의 뼈 외에 놀라운 것이 남아 있었는데, 바로 깃털이었어요!**

그 깃털은 새의 깃털과 비슷했어요. 그래서 과학자들은 시조새가 공룡 세계에서 최초로 나타난 조류, 즉 **새의 조상**이라고 생각했어요.

하지만 지금은 그렇지 않다는 사실이 밝혀졌어요. 시조새는 조류가 아니라, **깃털이 난 공룡이에요!** 시조새는 그런 종류의 공룡 중에서 가장 오래전에 살았던 종이긴 하지만, 지금은 시조새 외에도 깃털이 난 공룡이 많이 발견되었어요. 피부의 비늘 중 일부가 깃털로 변했지만, 그렇다고 해서 시조새가 새가 된 것은 아니에요. 사실, 시조새의 입은 새의 부리와 달리 기다란 **주둥이에 이빨이 늘어서 있었어요.** 게다가 꼬리 역시 분명히 공룡의 꼬리였어요. 비록 아름다운 깃털이 붙어 있긴 했지만 말이에요.

깃털이 난 대다수 공룡과 달리 시조새는 하늘을 날 수 있었어요. 깃털의 주 용도는 **추위로부터 몸을 따뜻하게 하는 것이었고,** 거기에다가 충격을 누그러뜨리는 효과도 있었어요. 하지만 시조새는 날개가 충분히 크고 몸무게가 가벼워 **날갯짓을 함으로써 하늘을 날 수가 있었어요.** 아마도 땅 위에서 바로 날아오르지는 못하고, 높은 나무에서 훌쩍 뛰면서 날았을 거예요. 하지만 연처럼 공중에 머물러 있는 데 그치지 않고, 날개를 효율적으로 퍼덕이며 날아다녔을 거예요. 시조새는 공룡과 조류의 중간 형태인 공룡-조류였어요.

크기 : 몸길이 50~60센티미터, 몸무게 1킬로그램
살았던 장소 : 독일
살았던 시기 : 쥐라기, 1억 6000만~1억 5000만 년 전

25

트로오돈은 깃털 때문에 새처럼 보이는데, **작은 타조의 몸에 커다란 머리가 달려** 있는 것 같아요.

이 우스꽝스러운 이름을 가진 공룡은 모든 공룡 중에서 지능이 가장 높은 종으로 간주되고 있어요. 비록 공룡들이 지능 검사를 받은 적은 없지만 말이에요!

트로오돈은, 키는 4~5세 아이 정도밖에 안 되지만 머리가 아주 크고, 그 머리에는 **잘 발달된 뇌**(공룡 치고는)와 큰 눈이 있었어요.

트로오돈은 벨로키랍토르와 그보다 큰 사촌인 데이노니쿠스처럼 중간 크기의 육식 공룡과 많이 닮았어요. 트로오돈은 **긴 발톱이 달린 뒷다리로 큰 보폭으로 달렸어요**. 뒷다리의 발톱 중 하나는 나머지 발톱보다 훨씬 커서 사냥당하는 동물에게는 치명적이었지요. 하지만 달릴 때 방해가 되지 않도록 이 발톱은 **발에서 좀 높은 곳에 달려 있었어요**. 온몸을 부드럽게 뒤덮은 **깃털은 사나운 육식 공룡의 이 특징들을 가렸어요**. 적어도 어린 시절에는 그랬어요.

트로오돈은 큰 눈이 있어서 **밤에 사냥할 수** 있었어요. 턱에는 **작은 뾰족한 이빨**이 있었고, 앞다리 끝에는 발톱이 달린 **발가락이 3개** 있었어요. 트로오돈은 작은 공룡과 곤충을 잡아먹었는데, 가끔 무리를 지어 자신보다 훨씬 큰 초식 공룡을 사냥하기도 했어요. 트로오돈은 둥지에 알을 낳고, 어른들이 둥지를 지켰는데, 아마도 깃털로 덮어 알을 품었을 거예요.

크기 : 몸길이 2미터, 몸무게 50킬로그램
살았던 장소 : 북아메리카 북부
살았던 시기 : 백악기, 8000만~6600만 년 전

27

# 안킬로사우

**크기** : 몸길이 5~6미터, 몸무게 4톤
**살았던 장소** : 북아메리카
**살았던 시기** : 백악기, 7000만~6500만 년 전

# 루스

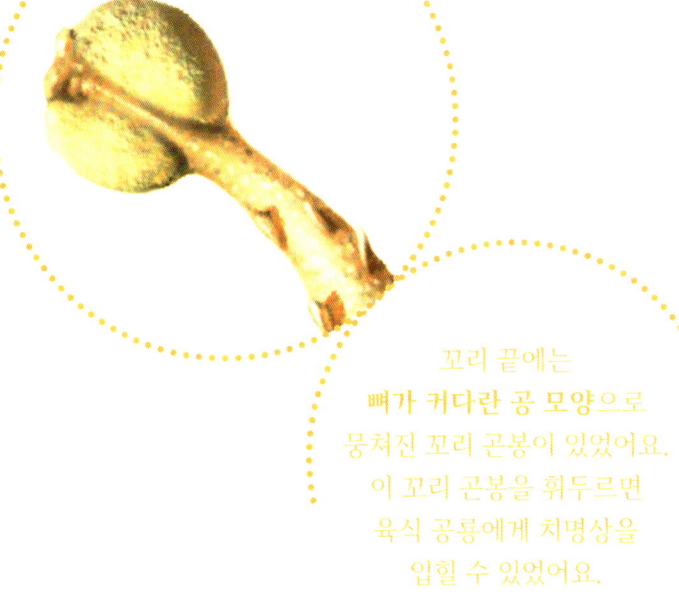

꼬리 끝에는 **뼈가 커다란 공 모양으로** 뭉쳐진 꼬리 곤봉이 있었어요. 이 꼬리 곤봉을 휘두르면 육식 공룡에게 치명상을 입힐 수 있었어요.

**안킬로사우루스는 몸집이 트럭만큼 큰 초식 공룡이에요. 몸무게는 약 4톤이나 나갔고, 온몸이 갑옷으로 뒤덮여 있었어요. 머리끝부터 꼬리 끝까지 뒤덮은 이 갑옷은 두껍고 단단한 골편으로 이루어져 있었지요.**

심지어 눈꺼풀 주위도 골편이 둘러싸 눈을 보호했어요. 목 주위에는 양쪽에 2개씩 커다란 골창 4개가 빙 두르며 늘어서 있었어요. 그 뒤쪽에도 많은 골창이 등을 따라 여러 줄로 뻗어 있었지요. 이렇게 **튼튼한 갑옷으로 무장한** 안킬로사우루스는 자신보다 훨씬 큰 티라노사우루스에게도 충분히 맞설 수 있었을 거에요. 이런 안킬로사우루스를 공격한다면, 단단한 골편에 이빨이 부러지고 골창에 머리를 찔려 피가 나는 위험을 감수해야 했어요.

하지만 안킬로사우루스는 한 가지 약점이 있었는데, **배 부분은 갑옷으로 둘러싸여 있지 않았어요.**

공격을 받으면, 안킬로사우루스는 배를 땅에 대고 등의 골창을 삐죽 내밀었어요. 큰 육식 공룡은 안킬로사우루스의 곤봉에 맞아 주둥이를 다치지 않도록 조심하면서 안킬로사우루스를 뒤집어야 했지요. 하지만 굶주린 티라노사우루스도 그렇게 하기란 결코 쉬운 일이 아니었어요.

이렇게 든든한 갑옷을 갖춘 안킬로사우루스는 비교적 평온하게 살아갈 수 있었어요. 방해를 받지 않을 때면, 안킬로사우루스는 주변의 초식 공룡들에게는 **아주 평화로운 이웃이었어요.** 거북 부리와 비슷한 부리로 식물을 잘라 작은 이빨로 오래 우물우물 씹어 먹었어요.

크기 : 몸길이 5~6미터, 몸무게 4톤
살았던 장소 : 유럽, 아시아(몽골, 중국), 북아메리카
살았던 시기 : 백악기, 1억~6600만 년 전

파키케팔로사우루스는 경쟁자끼리 힘을 겨룰 때 **박치기**를 했어요. 하지만 심한 부상을 막기 위해 전속력으로 달려가 부딪치지는 않았어요.

# 파키케팔로

파키케팔로사우루스라는 이름은 '머리가 두꺼운 도마뱀'이라는 뜻이에요. 실제로 파키케팔로사우루스는 머리 위쪽에 단단한 뼈로 된 돔이 불룩 솟아 있었어요.

이 공룡의 머리뼈 윗부분은 여러분 집의 벽만큼 두껍고(20~25센티미터) 아주 단단했어요! 게다가 이 놀라운 돔에는 뼈로 된 돌기와 뿔이 돋아 있었어요.

이렇게 무겁고 단단한 헬멧을 쓰고 있다면, 어떻게 해야 할까요? 우선 무거운 헬멧을 떠받치기 위해 튼튼한 근육질 목을 가져야 했겠지요. 그다음에는 그것을 방어 무기로 사용하려고 했겠지요. 고개를 숙이고 돌진하는 파키케팔로사우루스를 상상해 보세요. 그 단단한 머리는 거의 포탄과 같았고, 질주하는 말과 같은 속도로 돌진하는 파키케팔로사우루스 앞에서 비슷한 크기의 육식 공룡은 모두 나가떨어졌을 거예요. 하지만 티라노사우루스를 만나면, 파키케팔로사우루스도 다른 초식 공룡과 마찬가지로 달아나기 바빴지요.

파키케팔로사우루스는 머리뼈 외에 다른 뼈는 거의 발견되지 않았어요. 하지만 우리는 이 공룡이 앞다리에 발가락이 5개 있었고, 뒷발로 서서 달렸다는 사실을 알고 있어요. 그리고 아마도 무리를 지어 살았을 거예요. 파키케팔로사우루스와 가까운 공룡 중 하나는 머리에 뿔이 3개 달린 트리케라톱스예요. 트리케라톱스는 머리뼈가 파키케팔로사우루스만큼 두껍지 않았고 네 발로 기어 다녔어요. 하지만 전차처럼 육중한 몸을 갖고 있었고, 뿔 중에서 2개는 아주 길었어요.

파키케팔로사우루스는 공룡 시대가 끝날 무렵에 살았던 초식 공룡이에요. 아마도 그중 일부는 지구 전체를 뒤흔들면서 모든 공룡(물론 조류는 제외하고요!)을 멸종시킨 재난을 직접 목격했을 거예요.

31

# 스트루티오

스트루티오미무스는 부리로 식물을 잘라 먹고, 씨를 쪼아 먹고, 작은 동물을 잡아먹었어요. 하지만 **이빨이 없어 씹지 않고 그냥 삼켰어요.**

오늘날 스트루티오미무스가 도로를 달린다면, 과속으로 금방 체포되었을 거예요. 이 공룡은 긴 뒷다리로 오늘날의 가젤보다 더 빨리 달릴 수 있었어요. 시속 약 80킬로미터로요!

스트루티오미무스는 타조를 닮았다는 뜻인데, 스트루티오(Strutio)는 **타조를 가리키는 라틴어 학명이에요.** 이 공룡은 달리는 새와 같은 체형을 갖고 있었어요. 그리고 **깃털도 나 있었어요.** 물론 그것은 타조의 깃털보다는 짧았어요. 그리고 기껏해야 꼬리와 앞다리 부분만 깃털로 뒤덮여 있었을 거예요. 주둥이는 타조 부리처럼 길고 이빨이 없었어요. 하지만 긴 꼬리는 영락없는 **공룡 꼬리였어요.**

스트루티오미무스는 가까운 친척 공룡들과 함께 **타조 공룡**이라고도 부르는 오르니토미무스과에 속해요. 이 공룡들은 유럽과 아시아, 아메리카의 평원을 뛰어다니며 살았어요. 스트루티오미무스가 이렇게 빠르게 달린 이유는 같은 시대에 살았던 많은 포식 동물에게 잡아먹히지 않기 위해서였지요.

깃털과 부리, 그리고 타조와 비슷한 생김새에도 불구하고, 스트루티오미무스는 땅 위에서 빠르게 뛰어다니는 새들의 직접적인 조상이 아니에요. 대신에 두 발로 서서 다닌 **수각류**라는 육식 공룡 집단에 속해요. 티라노사우루스와 벨로키랍토르도 수각류 공룡이에요. **최초의 조류**는 바로 이 수각류에서 진화했어요. 스트루티오미무스는 조류의 직접적인 조상은 아니더라도, 먼 친척뻘에 해당해요.

# 미무스

크기 : 몸길이 4미터, 몸무게 150킬로그램
살았던 장소 : 북아메리카(캐나다)
살았던 시기 : 백악기, 1억~6600만 년 전

33

# 아르겐티노사우루스

아르겐티노사우루스는 가장 큰 공룡이었을까요? 아마도 그렇지는 않았을 거예요. 크기나 몸무게를 놓고 경쟁할 만한 공룡이 여럿 있었으니까요. 이 거대한 공룡들을 '티타노사우루스류'라고 불러요.

아르겐티노사우루스는 몸이 너무 무거워 **뛰지 못하고** 간신히 걷기만 했어요. 눕지도 못했을 텐데, 누웠다간 일어날 수가 없었거든요! 느린 동작은 별로 문제가 되지 않았어요. **엄청난 덩치** 때문에 대다수 육식 공룡은 감히 달려들 생각을 못 했거든요. 육식 공룡은 아르겐티노사우루스가 병들거나 죽을 때까지 기다렸다가 달려들 수밖에 없었는데, 그런 기회를 잡으면 실컷 배를 채울 수 있었지요. 그래도 일부 대형 육식 공룡은 아르겐티노사우루스를 공격했던 것으로 보여요. 그렇다고 아르겐티노사우루스를 죽이려고 했던 것은 아니고, 그저 한입 깨물어 살점을 조금 뜯어 먹으려고 했지요. 다만 아르겐티노사우루스의 육중한 몸에 깔리지 않도록 조심해야 했어요. 육식 공룡에게는 **위험한 모험**이었지만, 아르겐티노사우루스도 그 상처가 회복되려면 상당한 시간이 걸렸어요.

아르겐티노사우루스는 **늘 허기를 느껴** 먹을 것을 찾았어요. 긴 목과 작은 머리 덕분에 높은 나무에 매달린 잎과 열매도 먹을 수 있었지요.

오늘날의 코끼리처럼 어른 아르겐티노사우루스는 무리를 지어 **새끼들 주위를 빙 둘러쌌어요.** 엄청나게 큰 덩치 덕분에 아르겐티노사우루스는 자신들의 다리 사이로 침입하려는 작은 육식 공룡들을 효과적으로 막을 수 있었어요. 그리고 다행히도 **새끼들은 아주 빨리 자랐어요!**

크기 : 몸길이 30~40미터, 몸무게 60~80톤
살았던 장소 : 아르헨티나
살았던 시기 : 백악기, 1억~9000만 년 전

# 프시타코사

꼬리에는 호저의 가시처럼 기묘한 깃털이 삐죽 돋아 있었어요. 이것이 무슨 용도로 쓰였는지는 아직 밝혀지지 않았어요.

**이빨이 없는 대신에 거북이나 새와 비슷한 부리를 가진 공룡이 여럿 있었어요. 그런데 프시타코사우루스는 부리와 이빨이 모두 있었답니다!**

주둥이 앞부분은 **앵무의 부리와 비슷한 부리를** 이루었지만(이 공룡의 이름은 여기서 유래했는데, 프시타코사우루스는 '앵무도마뱀'이란 뜻이에요), 그 뒤의 턱에는 이빨이 있었지요. 프시타코사우루스는 뽑기 힘든 식물을 부리를 사용해 금방 자를 수 있었어요. 그런 다음에 소화가 잘되게 이빨로 씹어서 삼켰지요.

프시타코사우루스는 **온순하고 작은 공룡이었어요.** 부리에서 꼬리 끝까지 길이는 2미터, **몸무게는 여덟 살 아이 정도에 불과했어요.** 더운 습지 지역에서 살았는데, 그곳에는 식물 먹이가 풍부하게 널려 있었지요.

프시타코사우루스는 **알을 많이 낳았고** 대가족을 이루어 살았어요. 처음에 과학자들은 부모가 땅속의 둥지에서 함께 지내며 새끼를 잘 돌보았을 거라고 생각했어요. 하지만 실제로는 어른은 새끼에게 별로 신경을 쓰지 않았던 것 같아요. **어린 새끼들은 무리를 지어 살았는데,** 무리 생활은 육식 공룡의 공격을 막는 데 어느 정도 도움이 되었어요. 하지만 그것은 작은 육식 공룡에게만 효과가 있었어요. 큰 육식 공룡이 다가오면, 모두 도망치거나 숨느라 바빴어요.

# 우루스

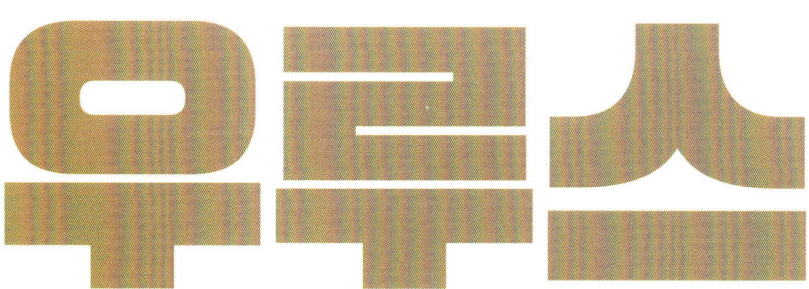

**크기** : 몸길이 2미터, 몸무게 20~25킬로그램
**살았던 장소** : 아시아(러시아, 몽골, 중국)
**살았던 시기** : 백악기, 1억 3000만~1억 년 전

# 프테로닥틸

**크기** : 날개폭 75센티미터, 몸무게 2킬로그램
**살았던 장소** : 서유럽
**살았던 시기** : 쥐라기, 1억 6000만~1억 5000만 년 전

프테로닥틸루스도 털이 있었어요! 피부 전체 또는 일부가 털과 비슷한 섬유로 이루어진 털가죽으로 덮여 있었어요. 털은 몸을 따뜻하게 하는 데 도움이 되었지요.

거대한 박쥐와 비슷하게 생긴 프테로닥틸루스는 공룡이 아니라 익룡이었어요. 익룡은 하늘을 날아다니던 파충류예요. 익룡은 공룡 시대에 하늘을 날아다니던 주요 동물이지요.

하늘에는 익룡 외에도 곤충과 최초의 새들, 그리고 **몸에 깃털이 나 있어 하늘을 나는 법을 익히게 된 몇몇 공룡**(예를 들면 시조새)이 날아다니고 있었어요. 익룡 중에는 프테라노돈처럼 아주 큰 동물도 있었어요. 프테로닥틸루스는 프테라노돈에 비하면 작은 편이었지만, 하늘을 더 잘 날았어요. **그리고 머리 뒤쪽에 돋아 있는 볏도 프테라노돈에 비해 훨씬 작았어요. 몸무게가 2킬로그램을 넘지 않은** 이 작은 동물은 큰 날개가 있었어요. 날개는 몸과 앞다리 사이에 펼쳐진 피부로 이루어져 있지요. 각 날개는 네 발가락 중 제일 긴 발가락 끝까지 죽 뻗어 있었어요. 사실, 프테로닥틸루스는 '**날개 발가락**'이란 뜻이에요. 뒷다리는 짧았지만, 그래도 오늘날의 펭귄처럼 뒷다리로 설 수 있었어요. 또한 프테로닥틸루스는 날개를 접고 네 발로 기어갈 수도 있었어요.

프테로닥틸루스의 기다란 주둥이는 황새와 왜가리의 부리와 비슷하게 생겼지만, **많은 이빨이 나 있었어요.** 프테로닥틸루스는 이 우스꽝스럽게 생긴 부리를 사용해 수면 가까이를 날면서 물고기를 낚아채거나 땅 위를 날면서 작은 동물을 붙잡았어요.

이 공룡은 거대한 머리와 특히 이마에 솟은 **두 뿔** 때문에 카르노타우루스라는 이름이 붙었는데, 카르노타우루스는 '육식 황소'란 뜻이에요.

이 위압적인 공룡은 티라노사우루스만큼 크진 않았지만, 포악한 성질만큼은 누구에게도 뒤지지 않았어요. 강한 뒷다리로 비슷한 크기의 육식 공룡에게서는 보기 힘든 속도로 돌진할 수 있었어요.

카르노타우루스는 사냥감을 향해 돌진할 때, 머리를 마치 옛날 병사들이 성문을 부술 때 쓰던 무기처럼 사용했지요. 먼저 사냥감이 눈치채지 못하게 살금살금 다가간 뒤, 머리를 앞세우고 그대로 돌진해 강한 위턱으로 사냥감을 물어 죽이거나 심한 상처를 입혔지요.

카르노타우루스는 코를 킁킁거리면서 멀리서도 먹이의 냄새를 맡을 수 있었어요. 작은 뿔은 앞쪽으로 뻗어 있지 않아 사냥에는 쓸모가 없었을 거예요. 아마도 이성을 유혹하는 용도로 쓰였을 거예요.

티라노사우루스의 앞다리를 우스꽝스럽게 여기는 사람은 카르노타우루스의 앞다리를 봐야 해요! 카르노타우루스의 두 앞다리는 너무 짧아서 사실상 아무 쓸모가 없었어요.

# 카르노타우

크기 : 몸길이 8미터, 몸무게 1톤
살았던 장소 : 아르헨티나(파타고니아)
살았던 시기 : 백악기, 7500만~6600만 년 전

# 루스

41

# 알로사우루스

앞다리 끝에는 발가락이 **3개** 있는데, 거기에 **마녀의 손가락**처럼 길쭉하고 치명적인 발톱이 달려 있었어요.

**티라노사우루스가 나타나기 8000만 년 전에 티라노사우루스와 흡사한 육식 공룡이 쥐라기의 평원을 뛰어다니며 초식 공룡들을 공포에 떨게 했지요. 그 공룡은 바로 알로사우루스예요!**

알로사우루스의 앞다리는 티라노사우루스의 앞다리보다 더 길고 **강했어요**. 뒷다리는 다른 육식 공룡과 마찬가지로 **거대하고 강했지요**. 알로사우루스는 턱을 아주 크게 벌릴 수 있었어요. 적을 공격할 때에는 아가리를 크게 벌린 채 **이빨을 드러내고 달려들었을 거예요**. 그 결과로 큰 공룡은 깊은 상처를 입고, 작은 먹잇감은 목이나 다리가 으스러졌을 거예요.

알로사우루스는 디플로도쿠스처럼 큰 초식 공룡을 무리를 지어 공격했을까요? 확실한 것은 알 수 없어요. 어쨌든 디플로도쿠스처럼 큰 초식 공룡은 무리를 지어 살면서 육식 공룡에 대항했어요. 그 당시의 육식 공룡에 비해 훨씬 크고 무거웠던 디플로도쿠스나 브라키오사우루스는 육식 공룡을 다리로 짓밟아 뭉개거나 꼬리를 휘둘러 때려눕힐 수 있었어요. 그래서 알로사우루스는 큰 초식 공룡이 상처를 입거나 병들거나 무리에서 홀로 따로 떨어질 때까지 기다렸다 공격해야 했어요. 그때가 오기까지는 작은 공룡을 잡아먹으면서 기다릴 수밖에 없었지요.

알로사우루스는 티라노사우루스와 벨로키랍토르와 마찬가지로 수각류에 속해요. 현재 살아 있는 동물 중에서 수각류와 가장 가까운 친척은 바로 **새예요**!

# 스

크기 : 몸길이 8~10미터, 몸무게 1~2톤
살았던 장소 : 미국과 유럽
살았던 시기 : 쥐라기, 1억 5600만~1억 4000만 년 전

# 모사사우루스

이름에 '-사우루스'가 있는 동물은 한때 땅 위를 지배했던 공룡만 있는 게 아니에요. 프테로사우루스는 하늘을 지배했고, 또 다리가 지느러미로 변해 바다를 휩쓴 동물들도 있었어요.

그중에서 이크티오사우루스는 물고기와 돌고래를 닮았고, 플레시오사우루스는 긴 목을 가졌으며, 플리오사우루스는 머리가 아주 컸어요. 그리고 모사사우루스도 있었어요. 이 **해양 육식 동물**에게서 눈길을 끄는 특징은 길고 납작한 아가리예요. 큰 턱에는 **뾰족한 이빨이 수많이 나 있었지요**. 모사사우루스는 긴 꼬리를 힘차게 움직이면서 먹이를 향해 빠르게 돌진했어요.

모사사우루스는 모사사우루스과 동물 중 하나예요. 모사사우루스과 동물 중 가장 작은 종은 **몸길이가 3~4미터인 반면, 가장 큰 종은 몸길이가 15미터에 이르렀어요**. 이들은 대부분 바다에서 살았지만, 몇몇 종은 **민물**에서 물고기와 헤엄을 치던 작은 공룡을 잡아먹기도 했어요.

**크기** : 몸길이 13미터, 몸무게 10톤
**살았던 장소** : 유럽과 북아메리카
**살았던 시기** : 백악기, 7500만~6600만 년 전

# 스

지금은 **모사사우루스의 이빨** 화석을 살 수 있어요! 수천만 년 전에 바다에서 살았던 괴물의 진짜 이빨 사기를 원한다면, 자연사 박물관의 기념품점에서 사는 게 좋아요.

# ZOOM 동물백과 시리즈에는 어떤 책이 있나요?

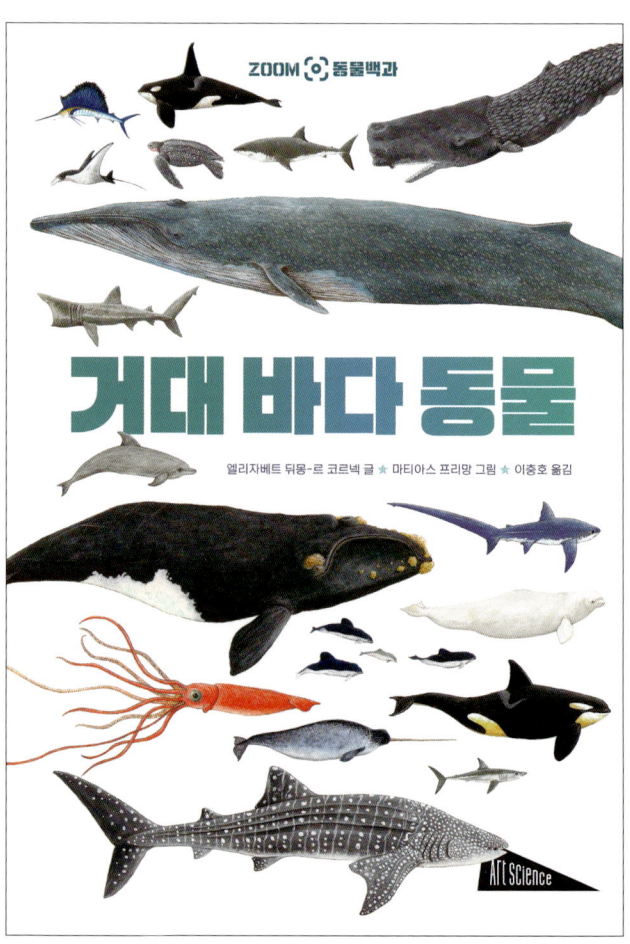

### 글쓴이 에릭 마티베 Éric Mathivet

에릭 마티베는 생물학자이자 신경 과학 의사입니다. 프랑스 국립과학연구센터(CNRS)에서
야생 동물의 행동에 대한 연구와 아기가 얼굴을 인식하는 방식에 관한 연구를 했어요. 라루스 출판사에서
생명 과학과 의학 서적 편집자로 일한 후, 마이크로소프트에서 부편집장으로 일했습니다. 1999년부터는
자신의 출판 에이전시인 마티복스(Mativox)를 운영하고 있습니다. 마티복스는 출판사들이
책을 기획하고 출판하는 일을 돕고, 기업과 기관이 인터넷에서 소통하는 일도 도와요.
마티베는 15권의 책에 과학 자문 위원과 저자로 참여했고, 강연자와 대학 강사로도 일해요.
연구자와 공학자를 위한 과학 글쓰기 훈련 과정을 개발하는 일도 해요.

### 그린이 올리비에-마르크 나델 Olivier-Marc Nadel

화가, 일러스트레이터, 멀티미디어 디자이너로 활동하고 있어요. 그는 파리 국립장식미술학교를
졸업한 뒤, 스트라스부르 장식미술학교 교사로 일하고 있습니다. 교육 및 과학 콘텐츠를 이미지를 통해
전달하는 데 뛰어난 나델은 플라마리옹, 나탕, 바야르, 아셰트 등의 많은 출판사와 함께 일했어요.
또, 일러스트레이터로서 많은 저자와 프랑스 국립고고학발굴조사연구소, 국립과학연구센터,
국립자연사박물관 같은 기관과, 지역 박물관과 협력해 일하기도 했어요.

### 옮긴이 이충호

서울대학교 사범대학 화학과를 졸업하고, 교양 과학과 인문학 분야의 번역가로 활동하고 있습니다.
2001년 《신은 왜 우리 곁을 떠나지 않는가》로 제20회 한국과학기술도서 번역상을 받았습니다.
옮긴 책으로 《이야기 파라독스》, 《진화심리학》, 《사라진 스푼》, 《경영의 모험》, 《통제 불능》,
《뇌과학자들》, 《잠의 사생활》, 《천 개의 태양보다 밝은》, 《놀라운 곤충의 비밀》 등이 있습니다.

**ZOOM 동물백과**
# 공룡

초판 1쇄 발행 2021년 12월 1일 | 초판 2쇄 발행 2022년 5월 31일
글쓴이 에릭 마티베 | 그린이 올리비에-마르크 나델 | 옮긴이 이충호
펴낸이 권종택 | 펴낸곳 (주)보림출판사 | 출판등록 제406-2003-049호
주소 10881 경기도 파주시 광인사길 88 | 전화 031-955-3456 | 팩스 031-955-3500
홈페이지 www.borimpress.com | 인스타그램 @borimbook
ISBN 978-89-433-1427-9 74470 / 978-89-433-1174-2(세트)

Découvre le monde - **Dinosaures** ⓒ Hachette Livre / Hachette Enfants, 2019
Korean translation copyright ⓒ 2021 Borim press
Korean edition is published by Borim press
with arrangement through Pauline Kim Agency, Seoul, Korea

• 이 책의 한국어판 저작권은 Pauline Kim Agency를 통해 Hachette Livre사와 독점 계약 한 (주)보림출판사에 있습니다.
• 저작권법에 따라 보호를 받는 저작물이므로 무단 전재와 무단 복제를 금합니다.

⚠ 주의 : 책 모서리가 날카로우니 던지거나 떨어뜨리지 마세요.(사용연령 3세 이상)